AF338072

# CONTRIBUTION DES ARABES

## AU

# PROGRÈS DES SCIENCES MÉDICALES

HISTOIRE DES GUERRES RELIGIEUSES

[illegible]

# CONTRIBUTION DES ARABES

## AU PROGRÈS

### DES

# SCIENCES MÉDICALES

PAR

## Le Docteur E.-L. BERTHERAND

Médecin des Affaires indigènes et de la Médersa d'Alger.

---

**Extrait du « Paris médical »**
Nos 17, 18, 19, 1883.

---

## PARIS

**TYPOGRAPHIE A. PARENT, A. DAVY,** Successeur

IMPRIMEUR DE LA FACULTÉ DE MÉDECINE

52, rue Madame et rue Monsieur-le-Prince, 14.

## 1883

# CONTRIBUTION DES ARABES

## AU

## PROGRÈS DES SCIENCES MÉDICALES

On reproche généralement aux médecins arabes de n'avoir été que des copistes des ouvrages grecs, de Galien notamment. Mais on oublie que peu de temps après l'hégire, ils puisaient dans leur propre fonds d'observation et d'initiative.

Dès le ix⁰ siècle, Hobeich bey de Hassan (de Bagdad) signale le turbith, la noix vomique, la coloquinte, le croton tiglium, l'aloès, les myrobolans, etc.

Les pèlerinages de la Mekke contribuèrent évidemment à répandre les notions scientifiques.

Et puis, que d'Émirs, que de Khalifes se faisaient gloire de protéger les médecins, de fonder des écoles, des hôpitaux, des bibliothèques, d'honorer même de leur présence les cours de médecine !

Au x⁰ siècle, le vizir Djouhar organisait près de la célèbre mosquée El Azhar un Institut où l'on enseignait toutes les sciences.

En dehors de l'enseignement fourni dans les hôpitaux, il existait des écoles de médecine particulières, des cours annexés aux zaouïas (mosquées), des jardins botaniques établis sur une vaste échelle, des collections d'un luxe inouï d'ouvrages, telles celles du Caire, de Tripoli, de Tunis, de Fez, de Maroc, de Cordoue, etc.

Si nous jetons un rapide coup d'œil sur les institutions des

Arabes en fait d'hygiène et d'assistance publique, sur que
ques exemples de leur sagacité d'observation, sur leurs
principales découvertes dans l'art de guérir, il sera facile à
tout esprit impartial de reconnaître qu'alors, privés du
secours des sciences expérimentales et exactes, ils ont coo-
péré largement aux progrès de la civilisation.

Cette étude rétrospective n'est peut-être pas inutile à
une époque où l'Islamisme est représenté de toutes parts
comme l'invincible obstacle à l'émancipation intellectuelle
des populations musulmanes, comme le grand facteur de
leur immobilisme scientifique.

I. *Médecine*. — « Dieu n'a pas envoyé de maladie qui
n'ait son médicament », disait le prophète Mohammed (1).
De là une invitation générale à l'étude des sciences qui con-
cernent l'art de guérir.

Le prophète, dont les conseils médicaux, transmis par
les hadits (conservations) ont été traduits par le D$^r$ Perron,
employait surtout la nigelle, le cresson alénois, le séné, la
rue, le curcuma, le baquois odorant, les scarifications, le
cautère, les affusions froides contre la fièvre, l'urine et le
lait de chamelle dans l'hydropisie, le miel dans la diarrhée,
le henné (2) dans les douleurs du pied, etc.

Mohamed Ettemimy, médecin arabe du XI$^e$ siècle, attire
l'attention, dans son ouvrage de Consultations, sur la
forme des ongles chez les phthisiques, sur le traitement des
hernies par le taxis, sur la curation des hémorrhoïdes sèches
par la ligature.

Avenzoar (Ola ben Zohr), médecin en Espagne au
XII$^e$ siècle, avait plusieurs fois remarqué sur son chemin
un individu à teinte ictérique avec tympanite, qui calmait
toujours sa soif avec le liquide d'une jarre. Il brisa ce récé-
pient et donna ainsi liberté à une grenouille qu'il contenait.
« Voilà ta guérison, » dit-il au patient.

---

(1) *La Médecine du Prophète Mohammed*, 1860, p. 105.
(2) Lawsonia inermis.

Dans le choléra, Averrhoës (ben Mohammed Ebn Roschd)
prescrivait au XII<sup>e</sup> siècle les astringents, la ligature des
membres et le bain. Sommes-nous beaucoup plus avancés
aujourd'hui en moyens thérapeutiques ?

Ebn Eddakhouar, qui au XIII<sup>e</sup> siècle, enseignait la
médecine à Damas, guérissait la manie par l'opium à haute
dose.

II. *Epidémies*. — Dans la sourate CV, dite de l'Éléphant,
le Koran parle de la variole épidémique indiquée sous les
traits des oiseaux *ababil*, porteurs de pierres qu'ils lançaient
sur les Abyssins. Cette première invasion de la variole chez
les Arabes est confirmée par une citation de Reiske et adop-
tée par le D<sup>r</sup> Leclerc (1).

III. *Chirurgie*. — Hakem Eddimaky, VIII<sup>e</sup> siècle, se
trouvant à Damas en présence d'une section de l'artère
brachiale par un barbier imprudent, recouvrit la plaie avec
la moitié d'une pistache dépourvue de son amande, la
maintint par un bandage serré et fit coucher le blessé près
de la rivière, le bras dans l'eau, jusqu'au soir ; le bandage,
relâché au 3<sup>e</sup> jour à cause du gonflement du membre, fut
enlevé le 5<sup>e</sup> ; la pistache tomba seule le 7<sup>e</sup> ; les concrétions
sanguines de la plaie ne disparurent qu'au 40<sup>e</sup> jour ; le
blessé guérit parfaitement. — N'est-ce point là un double
triomphe de compression méthodique et de chirurgie con-
servatrice ?

A la même époque, Djabril, fils de Bakhtichou, appelé
près d'une favorite du khalife Haroun, qui en bâillant for-
tement s'était luxé l'épaule, ne fit que se baisser comme
pour relever le bas de sa robe : la pudeur fit étendre brus-
quement la main pour se défendre contre une pareille témé-
rité, et le sagace Djabril la déclara aussitôt guérie.

Le Traité des maladies oculaires d'Issa ben Ali, ophthal-

---

(1) Ce savant orientaliste a récemment publié une excellente
*Histoire de la médecine des Arabes*, à laquelle sont empruntés grand
nombre des faits cités dans le présent travail.

mologiste de Bagdad, donne au ix° siècle le dessin d'une aiguille creuse avec laquelle on opérait la cataracte par succion ; et Sadid eddin ben Rafika, médecin de l'hôpital de Damas au xii° siècle, s'était acquis une certaine réputation dans l'emploi de cette aiguille qui était alors non seulement creuse, mais coudée. Cette pratique a été remise en honneur par un chirurgien français, le professeur Laugier, il y a 35 ans ! N'oublions pas qu'Albucasis parle de l'opération de la cataracte soit à l'aide de la succion au moyen d'une aiguille creuse, soit par extraction. Cette opération, qui fut souvent pratiquée par Omar ben Ali el Mously (xi° siècle), souleva cependant les objections de Esabed ben Corra : « Il y a dit-il, des humeurs oculaires plus ténues que la cataracte et la succion les enlèvera de préférence ; en outre l'enveloppe de la cataracte s'oppose à son issue par succion ».

Au x° siècle, le célèbre calligraphe Ebn Mogla, à qui l'on attribue la forme définitive des caractères arabes, fut condamné à avoir la main coupée. Isaber ben Sinan, médecin du Khalife, reçut ordre d'aller le panser. Il trouva le bras gonflé, la plaie recouverte de fiente et d'un linge grossier, enfin une ligature qui entrait dans les chairs à l'extrémité du membre. Devant ce traitement des plaies par amputation qui laissait bien à désirer, Isaber remplaça la fiente par du camphre, et le blessé guérit rapidement.

A la même époque, Iahya ben Ishâq, médecin de l'Emir Ennâcer Lidinillâh, ayant affaire à un paysan qui ne pouvait plus résister aux souffrances de l'inflammation et du gonflement du pénis, plaça la verge sur une pierre lisse et la comprima suffisamment pour en faire sortir un flot de pus au milieu duquel se trouva un grain d'orge. Le médecin reconnut que le patient avait abusé de sa monture et s'était introduit la graine dans le canal uréthral, ce dont le coupable fit l'aveu complet.

Dans son Traité de chirurgie illustré de déssins d'instruments, Abulcasis (Aboul Kacem Khalef ben Abbas Ezzahraouy), savant praticien du x° siècle, indique en termes précis l'opération de la lithotritie. Le calcul était rompu

par frottement et sortait par fragments entraînés par les
urines. Le broiement s'opérait à l'aide d'un morceau de
diamant fixé à l'extrémité d'une tige métallique portée
dans la vessie jusque sur la pierre. — Le livre XXX<sup>e</sup> d'Albucasis est consacré à la chirurgie : pour la première fois,
des figures d'instruments sont annexés au texte, et ces
figures dépassent le nombre de 150. L'indispensabilité de
connaissances anatomiques pour tout opérateur y est nette-
ment stipulée ; la ligature des artères, l'usage du crochet
pour l'extraction des polypes, la manière de pratiquer la
lithotomie chez la femme, le traitement des luxations an-
ciennes, la nécessité de faire une ouverture d'observation aux bandages à fractures, y figurent pour la première
fois.

Dans son Nihayat el Idrak (le comble de la perfection),
Daoud Ennâcer, médecin Syrien du xii<sup>e</sup> siècle, cite l'emploi des narcotiques comme usité dans certaines opérations
chirurgicales (castration, ouverture d'abcès, extraction de
calculs, etc.)

Le Morched, Traité d'oculistique de Mohamed Errafequy,
médecin en Espagne, au xii siècle, renferme de nombreuses
figures non seulement d'instruments, mais encore celles des
directions longitudinale et transversale des fibres des tuni-
ques artérielles, le dessin des sutures du crâne et de l'entre-
croisement des nerfs optiques.

Dans un de ses ouvrages, Avenzoar (Ola ben Zohr),
xii<sup>e</sup> siècle, recommande l'étude des fractures d'après l'examen attentif des os du squelette humain.

Parmi les procédés de circoncision que décrit Ebn el
Koff, médecin syrien du xiii<sup>e</sup> siècle, il en est un qui sem-
ble lui appartenir. Il consiste à introduire dans le fourreau
préputial une tige cylindrique à l'aide de laquelle on re-
foule le gland ; le prépuce ramené sur le cylindre est aussitôt incisé (1).

Enfin c'est aux Arabes que l'on doit l'invention du séton.

---

(1) Voir dans le *Journ. de méd. de l'Algérie*, 1882, p. 95, la tra-
duction de ce curieux passage de l'auteur arabe.

Bertherand.

Ben Azzouz, médecin marocain du XIIIᵉ siècle, recommande, dans son Traité d'ophthalmologie, « d'endormir les malades jusqu'à perte de connaissance et de sentiment », lorsqu'il y a lieu de redouter de leur part des mouvements désordonnés pendant l'incision des kystes de la paupière supérieure, pendant l'opération de l'entropion et de l'onglet. L'anesthésie chirurgicale était donc connue des Arabes, même dès le XIIᵉ siècle, comme nous l'avons vu plus haut. M. le Dʳ Leclerc rappelle à ce sujet qu'Avicenne, médecin arabe des environs de Cordoue, XIIᵉ siècle également, citait l'ivraie comme moyen d'obtenir cette insensibilité, et que Daoud el Antaki, médecin du XVIᵉ siècle, parle aussi de cette plante comme « allourdissant les sens, enivrante et soporifique ».

La méthode sous-cutanée est indiquée par Abulcasis dans son Traité de chirurgie, à propos de l'uréthrotomie pour l'extraction des calculs : « Avant de poser la ligature supérieure, dit-il, il faut tirer sur la peau afin que, cette ligature enlevée, la peau revienne couvrir la plaie. »

C'est encore dans cet important ouvrage que l'on trouve, au chapitre LXXIV concernant les abcès de la matrice, l'indication du spéculum uteri..... remis en usage par Récamier neuf siècles après !

IV. *Obstétrique : Gynécologie.* — Arib ben Saïd el Khateb, qui publiait vers la fin du Xᵉ siècle son Traité sur la génération du fœtus et le traitement des femmes enceintes et des nouveau-nés, s'occupe des présentations vicieuses et indique de quelle manière la sage-femme doit faire la version.

Avenzoar, XIIᵉ siècle, était d'avis qu'il faut parfois empêcher la conception « par la raison qu'elle ne convient pas à toutes les femmes ».

La fille et la sœur d'Abou Bekr ben Zohr (XIIᵉ siècle, Espagne) s'occupaient avec succès de l'obstétrique ; elles accouchaient les femmes d'El Mansour et de sa famille.

Ebn el Khatib, de Grenade, XIVᵉ siècle, admettait la nécessité, dans certains cas, d'administrer des abortifs, la mauvaise conformation du bassin pouvant alors déterminer la mort lors de l'accouchement.

V. *Médecine légale.* — Au xɪᵉ siècle, Ebn Djezla (Aboul Hassan Ali ben Issa), médecin distingué de Bagdad, écrivit un Traité de la médecine dans ses rapports avec la justice.

Au xɪɪᵉ siècle, un médecin égyptien, Aboul Achaïr Hibat Allah ben Zein- Eddin Mouafeq eddin, aperçut un cadavre que l'on portait au cimetière, en remarquant que les pieds étaient dressés au lieu d'être affaissés comme chez les morts, déclara que l'individu n'avait pas cessé de vivre. En effet, des ablutions générales d'eau chaude, des frictions énergiques et l'administration d'un sternutatoire ne tardèrent pas à le ranimer (1).

Averrhoès (ben Mohamed ebn Roschd), médecin de Cordoue, xɪɪᵉ siècle, relate le serment que lui fit une femme d'avoir conçu en prenant un bain dans lequel des hommes avaient émis du sperme.

VI. *Anatomie pathologique.* — Ce même Averrhoès localisait l'imagination dans la partie antérieure du cerveau, la mémoire dans la partie postérieure, la pensée dans le ventricule moyen.

Dès le xɪɪᵉ siècle, Aboul Achaïr Iben Allah, né à Fosthal, donnait dans un de ses ouvrages des généralités d'anatomie et de physiologie.

VII. *Chirurgie militaire.* — Au xᵉ siècle, le vizir Ali ben Aissa chargeait Abou Saïd Sinan ben Isaber, médecin en chef des hôpitaux de Bagdad, de faire visiter chaque jour,

---

(1) Déjà le célèbre chirurgien persan, Rhazès, du ɪxᵉ siècle, trouvant dans les rues de Cordoue un homme inanimé que les paysans disaient mort subitement, s'était empressé de le frapper sur toutes les parties du corps avec un faisceau de baguettes, et à l'aide de ce traitement répété par les témoins chacun à leur tour, était parvenu à rappeler à la vie le prétendu cadavre.

soigner et pourvoir des médicaments nécessaires les corps de troupes.

On sait d'ailleurs que le prophète Mohamed emmenait dans ses expéditions les femmes des auxiliaires dévoués à la foi nouvelle : celles-ci portaient à boire aux combattants, soignaient et pansaient les blessés et les malades (1).

Au XIII° siècle, Iakoub ben Saklam, médecin du prince Syrien Mouaddhem, l'accompagnait dans ses expéditions militaires.

VIII. *Botanique.* — Au XI° siècle, Abou Abdallah el bekry, de Murcie, donne dans la Description du Nord de l'Afrique, de nombreux détails sur sa flore.

A la même époque, Mohamed ben Ali ben Sarak médecin naturaliste du prince de Guadix, établissait près de Grenade un jardin botanique pour l'étude des plantes rares et curieuses.

Rachid Eddin ben Essoury, botaniste syrien du XIII° siècle, se faisait accompagner dans ses voyages par un peintre chargé de reproduire fidèlement les plantes fraîches ou sèches avec leurs couleurs et tous leurs organes.

Ebn el Beithar, célèbre phytographe égyptien de la même époque, était Inspecteur des herboristes. Son ouvrage sur les herborisations qu'il fit en Espagne, Asie mineure, Egypte, Perse, etc., est considéré comme fort remarquable.

IX. *Chimie.* — L'histoire a toujours signalé l'importance des travaux des Arabes en chimie : on leur attribue même l'invention de cette science si intéressante. Au IX° siècle, Ottman ben Souid, égyptien, publiait ses études sur la dissolution, la concrétion, la sublimation, la distillation.

Le siècle suivant, Aboul Kacem Moslaoma ben Ahmed el Madjerithy donnait le jour, en Espagne, à un Traité d'Alchimie.

----

(1) *Les secours d'urgence*, guide pratique par le D<sup>r</sup> E. Bertherand : conférences faits à la Société des Hospitaliers d'Afrique. 1876, in-8° 170 pages, page 10.

Le savant Aboul Mena compose au XIIIᵉ siècle un ouvrage dans lequel il indique les moyens de reconnaître les falsifications.

X. *Pharmacologie.* — Au IXᵉ siècle, Moussa ben el Razzan, médecin du khalife Lili Nallah, inventait un remède emménagogue et calmant les douleurs menstruelles.

Dans le tesrif d'Albucasis, Xᵉ siècle, le XXVIIᵉ livre parle d'un procédé pour faire un cachet avec lequel on signe les trochisques; c'est là, très probablement, une réminiscence des cachets des oculistes romains. Du temps d'Albucasis, l'ébène, le buis ou l'ivoire servaient à les confectionner.

Au XIᵉ siècle paraissait un traité sur la thériaque par Ebn Djoljol.

A la même époque, Mouafeq Eddin Abou Daher el Barakchi, médecin persan, traitait un hydropique qui guérit après avoir mangé des sauterelles nourries sur le mézéreum (Daphné mezereum, faux-garou).

Le siècle précédent, Avicenne (Ebn Sina), célèbre médecin persan, guérissait l'hydropisie en faisant boire une décoction de sauterelles préalablement privées de tête et jambes, puis assaisonnées avec un peu d'*as* (myrte) sec (1).

Daoud Ennacer el Mously, appelé aussi el Agreby, médecin syrien du XIIᵉ siècle, donne dans son Formulaire (Nichayar el Idvak, le comble de la perception) la figure des cachets cités plus haut.

Le savant Ola ben Zohr, plus connu sous le nom d'Averrhoes, arrosait à la même époque une vigne avec un liquide purgatif, puis en faisait manger les fruits à son princier client Abd el Moumen.

XI. *Toxicologie.* — Ebn Athal, médecin de Damas, VIIIᵉ siècle, était si versé dans la connaissance des poisons que le khalife Moaouya l'attacha à sa personne et recourut souvent à sa terrible science pour se débarrasser de ses

_______________

(1) Voy. ma *Médecine et hygiène des Arabes*, article HYDROPISIE.

ennemis. Heureusement pour la dignité et l'honneur professionnels, la corporation médicale arabe n'a pas toujours compté dans ses rangs des complices aussi oublieux de leurs devoirs. Le IX° siècle donna le jour à un noble caractère, Honein ben Ishôq, médecin à Bagdad, et dont le khalife Moutouakkel éprouva la conscience par la vue de riches présents et aussi..... par une année de prison suivie ..... de l'exhibition de cruels instruments de supplice. Honein n'en persista pas moins à refuser le remède secret destiné à la perte d'un ennemi de son maître. « Ma religion, répondait cet honnête médecin, ordonne de faire du bien à nos ennemis et à plus forte raison à nos amis ; ma profession nous défend de nuire au genre humain, instituée qu'elle est pour lui être utile. Tout médecin a fait serment de ne jamais délivrer de poison. » — Fier langage qui lui valut l'estime et la considération de son maître.

Au XII° siècle, paraissent les lettres d'Abou Amran Moussa ben Mimoun, de Cordoue, sur les venins et les poisons.

XII. *Climatologie.* — Ali ben Rodhouam, de Djizèh (X° siècle), est l'auteur d'une étude sur l'air du Caire.

Le siècle suivant, Salama ben Rahmoun écrivait sur la rareté de la pluie dans cette même ville.

Averrhoës, déjà cité, observe dans ses Commentaires sur Avicenne qu'en Andalousie il pleut par vent d'O. et fai beau par vent d'E. dans la moitié occidentale, et que tout au contraire dans l'autre région orientale il pleut par vent d'E. et fait beau par vent d'O.

Ce même médecin nous apprend que le changement de climat était usité pour les typhoïdés, et notamment pour les phthisiques qu'on dirigeait sur l'Ethiopie et l'Arabie.

A la même époque (XII° siècle), Aboul Achaïr Ibar Allah, du Vieux-Caire, produisait une topographie d'Alexandrie.

XIII. *Hygiène.* — Harets ben Caladah, médecin arabe du

vi⁰ siècle, s'occupa principalement d'hygiène. « Ce qu'il y a de plus grave, dit-il, c'est d'introduire des aliments sur des aliments, autrement de manger quand on est rassasié. » Il proscrit l'usage des bains après le repas, le coït à l'état d'ivresse, recommande de se bien couvrir la nuit, de boire de l'eau de préférence et de n'user jamais de vin pur. Les viandes salées et séchées, celles de jeunes animaux, lui paraissent un mauvais aliment. Les fruits doivent être mangés au commencement de leur saison et à leur propre époque. Si une maladie survient, il faut la couper par tous les moyens convenables avant qu'elle ne prenne racine; etc. (1) ». — Meilleurs préceptes sont-ils donnés dans nos modernes traités d'hygiène ?

L'hygiène enseignée par le Koran était d'ailleurs marquée au coin d'une saine observation. Le prophète appelle souvent l'attention des fidèles sur les soins à donner au corps, sur les avantages de la sobriété, des ablutions quotidiennes, sur les inconvénients du vin et d'un régime trop animalisé, sur la préférence à donner au laitage, aux fruits, au miel, à l'huile d'olives, à l'aubergine. En temps de peste, il défendait de quitter le pays. Il recommandait la patience et la condescendance près des malades; il consolait par l'espérance des palmes du martyre les pestiférés, les brûlés, les femmes mourant en couches, etc.

« Ce qu'il y a de pire pour un vieillard, disait le médecin Tsabet ben Corra, ix⁰ siècle, c'est un bon cuisinier et une jeune femme. »

A la même date, le premier des médecins arabes, Rhazès, chargé avec de nombreux confrères de choisir l'endroit le plus sain de la ville de Bagdad pour l'établissement d'un vaste hôpital, imagina le moyen suivant pour résoudre le problème. Il suspendit dans divers quartiers de la capitale des morceaux de viande, suivit attentivement l'influence progressive de l'air sur leur décomposition, et déclara la plus salubre la région où les chairs avaient mis le plus de temps pour entrer en putréfaction.

_________

(1) Dʳ Leclerc, *op. cit.* t. 1ᵉʳ p. 28.

Les ouvrages de Rhazès fourmillent, du reste, d'observations hygiéniques de haute importance, ainsi: « Il ne faut contrarier les appétits des hommes bien portants ni des malades. » —« Tel fruit nuisible avant le repas est, au contraire, digestif et tonique pris au dessert.» — etc.

XIV. *Exercice de la médecine.* — La police médicale inspira de bonne heure aux Khalifes la nécessité de protéger la santé publique. Au x° siècle, un médecin ayant été accusé d'avoir déterminé la mort d'un malade, le Khalife Mokhtader interdit l'exercice de l'art de guérir à quiconque n'aurait pas subi un examen devant Abou Saïd Sinan ben Tsaber, chargé de délivrer les diplômes.

Ali ben Rodhouan, chef des médecins d'Egypte au xı° siècle, a composé une espèce de serment d'Hippocrate dont voici la formule: 1° être sain de corps et d'esprit; 2° avoir les vêtements propres et une bonne tenue ; 3° garder les secrets des malades, ne rien divulguer de leurs maladies ; 4° s'occuper exclusivement de la guérison des malades, ne pas se préoccuper de la rémunération qui en résultera; se donner de préférence aux pauvres qu'aux riches ; 5° chercher à être savant et utile le plus possible ; 6° avoir le cœur pur, sans convoitise des trésors et des femmes de la maison des grands ; 7° être sûr et fidèle, ne préparer aucun poison, ne pas en divulguer la préparation ; ne pas donner d'abortif; soigner ses ennemis comme ses amis.

La coutume de faire inspecter les médecins par un praticien de haut savoir et nommé par le pouvoir paraît avoir été surtout en usage dans l'Egypte. On cite même un Inspecteur des oculistes, Aboul Hadjadj Youcef, ce qui implique un grand nombre d'ophthalmologistes praticiens, en raison sans doute de l'endémicité des affections de la vue dans le Nord de l'Afrique. Le Motasseb était, en outre, un inspecteur spécialement chargé de la police médicale, de la surveillance des pharmaciens, des droguistes, des parfumeurs, voire même des ventouseurs !

Aboul Mansour Abdallah ben Echcheikh Sedid, médecin

égyptien du xii^e siècle, portait le titre de Reis el Athibba, c'est-à-dire chef des médecins.

Au xiii^e siècle, le père d'Ebn Abt Ossaïbiah avait la fonction d'Inspecteur des oculistes, à Damas.

**XV. — *Assistance, Hôpitaux*. —** Les Arabes, à peine initiés aux études médicales, s'empressèrent d'édifier et d'organiser des hôpitaux dans lesquels on faisait marcher de pair le traitement des malades et l'enseignement de l'art de guérir. Aussi au viii^e siècle, l'hôpital de Djondisabour (en Perse) avait à ces deux points de vue une brillante renommée.

Au x^e siècle, Bagdad comptait un grand nombre de ces établissements. C'est dans l'un d'eux, celui appelé El Adhédy qu'Abou Mansour Saïd ben Becher instituait les réfrigérants dans le traitement des affections des centres nerveux. Chose remarquable, « les malades y étaient divisés par catégories, et les médecins placés suivant leurs aptitudes ; il y avait des services de fiévreux, de blessés et d'ophthalmiques ; il y avait même des rebouteurs (1).

Dans tous ces hôpitaux, on tenait des registres d'observations médicales, même un relevé des opérations ophthalmologiques. A l'hôpital persan de Mérou, Issa ben Massa (ix^e siècle) expérimentait le nymphœa, le peganum harmala dans l'épilepsie.

Le savant botaniste, Rachid Eddin Ebn Essoury, était attaché à l'hôpital de Jérusalem.

Le célèbre Nour ed Din avait doté d'une bibliothèque médicale l'hôpital de Damas.

Aboul Fadhl Daoud ben Abid Beyan, médecin de l'hôpital Ennoury (Egypte), composa au xiii^e siècle un formulaire des médicaments usités dans les hôpitaux d'Égypte, de Syrie, de l'Irâk.

Le grand hopital Bimarestan, du Caire, fondé vers le x^e siècle pour les aliénés, fut plus tard destiné à toutes les

___

(1) D^r Leclerc, *op. cit.*; t. 1^er p. 562.

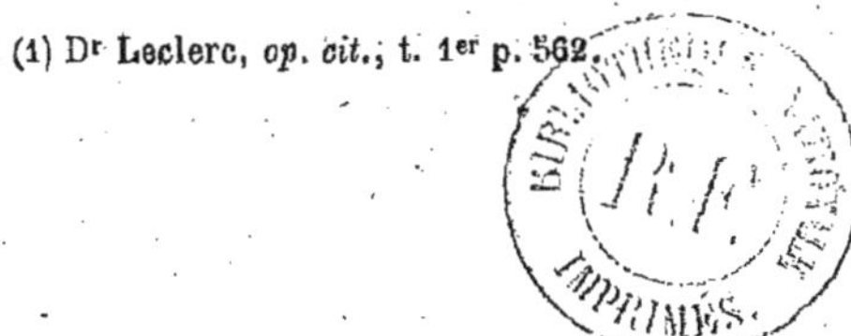

malädies dont chaque catégorie possédait des locaux spéciaux.

D'après le remarquable ouvrage de la Commission d'Egypte, les malades tourmentés par l'insomnie y avaient à leur disposition des musiciens et des conteurs ; les convalescents y trouvaient également des distractions appropriées à leur rétablissement. Au XIIIe siècle, une école de médecine fut annexée à cet important hôpital.

Les hôpitaux de Médine, de la Mekke, d'Antioche, d'Ispahan, de Chiraz, de Fez, de Bougie, etc., sont également signalés par les auteurs pour leur intelligente et complète organisation.

*Bureaux de bienfaisance.* — Au xe siècle, Ahmed ben Touloun fondait à Fostath un splendide hôpital et une mosquée où tous les vendredis des consultations gratuites étaient données aux malheureux.

XVI. *Médecine rurale.* — J'ai pensé, écrivait le vizir Ali ben Issa à Abou Saïd Senian ben Tsaber, médecin des hôpitaux de Bagdad au xe siècle, que les campagnes doivent avoir des malades et manquent de médecins pour les soigner. Il faut leur en envoyer avec des provisions de médicaments ; qu'ils séjournent dans chaque localité le temps nécessaire et qu'ils se transportent partout. » — Et les médecins abondèrent...

XVII. *Tolérance.* — Un fait fort remarquable et malheureusement peu remarqué, c'est la généreuse tolérance dont les Arabes ont toujours fait preuve à l'égard des Israélites et des Chrétiens. C'est que ces dissidents les avaient initiés aux connaissances scientifiques, à la médecine en particulier, et que bon nombre d'entre eux figurent parmi les médecins attachés aux Khalifes et parmi les praticiens préposés à la surveillance professionnelle et à l'examen des candidats.

XVIII. —En résumé, nous répéterons avec le Dr Le Bon (1):

_______________

(1) *La Vie*, physiologie humaine, 1872, p. 8.

Durant les dix siècles d'ignorance que l'Europe traversa avant d'arriver à l'époque qu'on a nommée la Renaissance, le flambeau des sciences n'était pas éteint partout.

En Orient, il brillait d'un vif éclat.

Une civilisation nouvelle, créée par les Arabes, étendait au loin son empire.

Partout où les disciples du Koran plantaient leur bannière, en Perse, en Syrie, en Arabie, en Espagne, à une époque où les Rois de France ne savaient pas lire, les Universités de Bagdad, Séville, Tolède, Grenade et Cordoue attiraient des milliers d'étudiants de tous les points de l'univers.

Dans tous les lieux où passaient les Arabes, ils recueillaient les monuments des sciences et des arts.

Malheureusement les guerres intestines, les croisades et enfin la conquête de l'Espagne par Ferdinand ruinèrent cette civilisation brillante, à laquelle peu d'historiens ont su rendre justice.

Les Arabes ne furent pas de simples compilateurs, comme on l'a souvent répété : ils furent une nation éclairée, bien supérieure aux autres nations contemporaines, et aucun peuple ne produisit plus de travaux dans un espace de temps si court.

Paris. — Typ. A. PARENT, A. DAVY, succ., imp. de la Fac. de médecine, 52, rue Madame et rue Monsieur-le-Prince, 14.

Durant les dix siècles d'ignorance qui plongea l'Europe
avant d'arriver à l'époque qu'on a nommée la Renaissance,
le flambeau des sciences n'était pas éteint partout.

En Orient, il brillait d'un vif éclat.

Une civilisation nouvelle, que porte les Arabes, étendait
au loin son empire.

Partout où les disciples du Koran fondaient leur empire, en Perse, en Syrie, en Arabie, en Égypte, à une
époque où les Rois de France ne savaient pas lire, les Universités de Bagdad, Séville, Grenade et Cordoue
attiraient des milliers d'étudiants de tous les points de l'univers.

Dans tous les lieux où paraissent les Arabes, ils recueillaient les monuments des sciences et des arts.

Malheureusement la France connaîtra, la Hollande et
enfin la conquête de l'Espagne par l'Allemand ruineront
cette civilisation, lui fera, à laquelle on doit d'histoires ont
su rendre justice.

Les Arabes ne furent plus de savants compilateurs comme
on l'a souvent répété ; ils furent une nation éclairée, bien
supérieure aux autres nations contemporaines, et aucun
peuple ne produisit plus de travaux dans un espace (?)
temps si court.

Paris. — Typ. A. PARENT A. DAVY, successeur, imp. de la Fac. de médecine,
52, rue Madame et rue Monsieur. — Paris, 52.